JAMES MONROE
ET L'ÈRE DES BONS SENTIMENTS

L'Amérique aux Américains

par Julie Lorang

50MINUTES

Avec la collaboration de Thomas Jacquemin

50MINUTES

DEVENEZ INCOLLABLE
EN HISTOIRE !

La bataille de **Poitiers**

La guerre de **Corée**

George **Washington**

Christophe **Colomb**

Jacques **Cartier**

www.50minutes.com

JAMES MONROE

CARTE D'IDENTITÉ

- **Naissance ?** Le 28 avril 1758 à Monroe's Creek (Virginie)
- **Mort ?** Le 4 juillet 1831 à New York
- **Parti politique ?** Parti républicain-démocrate
- **Dates des élections ?**
  - Le 4 décembre 1816
  - Le 6 décembre 1820
- **Durée du mandat ?** Huit ans
- **Apports majeurs ?**
  - Le compromis du Missouri (1820)
  - La doctrine Monroe (1823)

INTRODUCTION

James Monroe est le cinquième président des États-Unis. Il occupe la Maison-Blanche durant deux mandats consécutifs, entre 1817 et 1825. Tour à tour ambassadeur, sénateur ou encore secrétaire d'État avant de gravir l'échelon suprême de la présidence, James Monroe est surtout connu pour ses talents de diplomate ainsi que pour l'élaboration du compromis du Missouri et de la doctrine qui porte son nom.

La période qui couvre ses deux mandats est qualifiée d'« Ère des bons sentiments » (*Era of good feelings*) en raison de la relative unité politique et de la prospérité qui suivent les deux guerres qui ont opposé les États-Unis à la Grande-Bretagne (la guerre de l'Indépendance, également appelée révolution américaine, de 1775 à 1783, et la guerre anglo-américaine de 1812 à 1815). Le président profite de ce contexte favorable pour agrandir le territoire américain vers le Sud et l'Ouest.

La mise en place de la doctrine Monroe, qui régit aujourd'hui encore la politique internationale des États-Unis, octroie en outre une place prépondérante au pays sur l'échiquier international de la fin du XVIIIe et du début du XIXe siècle.

Au niveau national, le président doit cependant faire face aux vives tensions entre le Nord abolitionniste et le Sud esclavagiste. Mais il réussit à apaiser les esprits durant quelques années grâce au compromis du Missouri. Cependant, les divisions politiques et éthiques resurgissent à la fin de son mandat et mèneront directement à la guerre de Sécession (1861-1865).

BIOGRAPHIE

UNE JEUNESSE HÉROÏQUE

James Monroe naît le 28 avril 1758 dans le comté de Westmoreland, en Virginie, dans une famille de riches paysans. La jeunesse du futur président est marquée par le décès précoce de ses parents : sa mère, Elizabeth Jones (1730-1774), meurt alors qu'il n'est encore qu'un enfant tandis que son père, Spence Monroe (1727-1774), disparaît quelques années plus tard. L'orphelin est alors recueilli par son oncle, Joseph Jones (1727-1805), qui l'envoie étudier au Collège William et Mary, à Williamsburg (Virginie).

Les études de James Monroe sont interrompues par le début de la révolution américaine, qui éclate en avril 1775. Comme de nombreux étudiants en Virginie, le jeune homme décide de rejoindre l'armée continentale et de se battre pour l'indépendance de son pays.

Durant les événements, James Monroe s'illustre par sa bravoure en participant à plusieurs grandes batailles. Il se bat notamment en première ligne à la bataille de Trenton (26 décembre 1776) où il est blessé à l'épaule gauche. Son courage et sa loyauté lui valent d'être rapidement promu capitaine.

Durant cette période révolutionnaire, James Monroe fait également plusieurs rencontres décisives : il se bat aux côtés de George Washington (général et homme d'État américain, 1732-1799), futur premier président des États-Unis, et rencontre Thomas Jefferson (homme d'État américain, 1743-1826), alors gouverneur de Virginie et futur troisième président des États-Unis. Ce dernier devient rapidement son fidèle ami ainsi que son mentor politique.

DÉBUT DE CARRIÈRE POLITIQUE
EN VIRGINIE ET EN EUROPE

Après la guerre, James Monroe étudie le droit et embrasse une carrière politique qui débute sur ses terres d'origine. En 1782, il devient délégué à l'assemblé de Virginie et représentant de son État au congrès de la Confédération, qui gouverne les États-Unis de 1781 à 1789. Son travail précis et réfléchi lui permet à nouveau de se distinguer, si bien qu'il devient sénateur à partir de 1790.

Durant son mandat, James Monroe s'allie à deux autres politiciens virginiens, son ami Thomas Jefferson et James Madison (futur président des États-Unis, 1751-1836), pour créer ensemble le Parti républicain-démocrate.

C'est également à cette époque qu'il épouse Elizabeth Kortright (1768-1830), fille d'un marchand new-yorkais, avec laquelle il aura deux filles et un garçon malheureusement décédé durant l'enfance.

À partir de 1794, la carrière de James Monroe le mène en Europe, où il occupe le poste de ministre plénipotentiaire – c'est-à-dire ambassadeur – à Paris et à Londres. Ce poste de diplomate lui permet de côtoyer tour à tour la France révolutionnaire (1789-1799), l'Empire français de Napoléon Ier (1769-1821) ou encore la monarchie britannique de George III (roi de Grande-Bretagne et d'Irlande, 1738-1820), et de parfaire ainsi sa connaissance de l'Europe et des affaires internationales.

Il s'illustre également sur le vieux continent par son rôle-clé dans les pourparlers qui conduisent à l'achat de la Louisiane française en 1803. L'acquisition de ce vaste territoire, bien plus large que l'État actuel du même nom, permet aux États-Unis de doubler leur superficie.

DU POSTE DE SECRÉTAIRE D'ÉTAT À LA PRÉSIDENCE

Lorsque le républicain-démocrate James Madison est élu président en 1811, celui-ci fait de James Monroe son bras droit en le nommant secrétaire d'État. Un an plus tard, les tensions entre les Britanniques et les Américains depuis l'Indépendance des États-Unis sont telles qu'une guerre éclate. James Madison choisit à nouveau James Monroe pour occuper un poste primordial en ces temps troublés, celui de secrétaire d'État à la Guerre. Ce double poste constitue un moment décisif dans sa carrière politique puisqu'il lui permet de montrer toute l'étendue de ses connaissances diplomatiques et militaires. Par ailleurs, cette double nomination est remarquable, car elle reste à ce jour unique dans l'histoire américaine.

À la fin de la guerre, James Monroe se présente aux élections qu'il remporte. Le 4 mars 1817, il est investi en tant que cinquième président des États-Unis avec une écrasante majorité (84 % des voix) sur son adversaire fédéraliste, Rufus King (1755-1827). La présidence de James Monroe est connue sous le nom de « l'Ère des bons sentiments » en raison de la politique consensuelle et de l'absence d'opposition au parti quasiment unique des républicains-démocrates. James Monroe ne connaît d'ailleurs que très peu d'opposants, si bien qu'il ne doit pas faire campagne pour être réélu.

Au cours de son mandat, James Monroe donne une impulsion dynamique à la politique étrangère des États-Unis en énonçant sa célèbre doctrine et en résolvant momentanément la question de l'esclavagisme grâce au compromis du Missouri.

James Monroe se retire de la vie politique après son second mandat et retourne vivre dans sa Virginie natale. Après le décès de son épouse en 1830, il s'installe à New York, où il meurt le 4 juillet 1831, jour de fête nationale américaine.

CONTEXTE POLITIQUE, SOCIAL ET ÉCONOMIQUE

James Monroe a vécu et a participé aux événements majeurs du début de l'histoire américaine tels que la guerre d'Indépendance ainsi que la naissance du nouveau pays et de ses institutions. Sa présidence doit ainsi être comprise dans un contexte bien particulier : celui d'un jeune pays encore à la recherche de son identité.

LA NAISSANCE DES ÉTATS-UNIS

L'Indépendance américaine

James Monroe est le dernier président des États-Unis à pouvoir se targuer d'avoir combattu pour l'indépendance de son pays. La révolution américaine s'étend de 1775 à 1783 et oppose les 13 colonies d'Amérique du Nord à la Grande-Bretagne, alors grande puissance coloniale. La principale raison de ce soulèvement est le mécontentement de la population des colonies, qui croule sous les taxes et qui n'est pas représentée au Parlement de Londres. La France, éternelle ennemie de son voisin britannique, s'engage également dans le conflit en soutenant les insurgés américains. C'est ainsi que le marquis de La Fayette (homme politique français, 1757-1834) prend part aux événements avec l'espoir de mettre en pratique les idées des Lumières dont les maîtres mots sont la liberté individuelle et l'égalité. Ce dernier, qui a également joué un rôle important dans la Révolution française (1789), espère pouvoir faire de ce nouveau pays la première démocratie du monde. Si, dans un premier temps, la France se contente de fournir du matériel aux troupes continentales, elle s'engage officiellement dans le conflit en 1778.

L'Indépendance des États-Unis est finalement proclamée le 4 juillet 1776 par le Congrès américain et aboutit à une confédération au sein de laquelle chaque État conserve sa liberté. Elle permet en outre de couper le lien avec le colon britannique, qui est chassé hors du territoire américain. Ainsi naissent les États-Unis d'Amérique. Toutefois, le pays est encore bien loin d'avoir trouvé son identité.

Les relations internationales

Les relations du nouvel État avec les puissances européennes fluctuent au rythme de l'évolution de la politique européenne. Après un rapprochement avec la France révolutionnaire en raison de leur philosophie commune, les États-Unis préfèrent toutefois prendre leurs distances à la suite du coup d'État de Napoléon Bonaparte (empereur français, 1769-1821) en 1799. Celui-ci rompt avec l'idéal républicain pour s'autoproclamer premier consul.

Peu de temps après, le travail de diplomate réalisé par James Monroe en France avant sa présidence permet aux États-Unis d'acquérir le vaste territoire de la Louisiane, acheté à Napoléon Bonaparte en 1803. La Louisiane française, bien plus vaste qu'aujourd'hui, comprend les terres des États suivants : Arkansas, Oklahoma, Kansas, Nebraska, Iowa, Dakota du Sud et du Nord, Louisiane, Colorado, Wyoming, Montana et Minnesota. Par cette acquisition, le pays double sa superficie et débute son expansion vers l'Ouest.

Les relations avec la Grande-Bretagne restent tendues dans les années qui suivent la Déclaration d'indépendance. En effet, l'ancien colonisateur accepte difficilement que les Américains favorisent la France pour leur commerce et décide de bloquer les ports européens aux navires américains. Cette décision est à l'origine du conflit anglo-américain de 1812 qui se conclut à nouveau par une victoire américaine, renforçant le sentiment national naissant. Suite à sa défaite, la Grande-Bretagne met un terme à ses ambitions aux États-Unis.

À l'aube de la présidence de James Monroe, les États-Unis ont donc réussi à s'étendre vers le Sud et l'Ouest et à chasser les colons britanniques et français de leur territoire. Toutefois, les enjeux sont encore nombreux. Dans le Sud, existe encore une enclave européenne, la Floride, qui appartient à la couronne espagnole. Le gouvernement américain craint que cette présence coloniale sur leur territoire ne soit une menace pour l'indépendance et la souveraineté du pays.

Un autre enjeu de taille les attend également : celui de trouver et d'affirmer leur place sur l'échiquier mondial.

UNE ÉCONOMIE BASÉE SUR L'ESCLAVAGE

Une question cruciale entoure la naissance et l'émergence des États-Unis : celle de l'esclavage. Le débat autour de la main-d'œuvre servile divise le pays en deux et freine le développement d'une unité nationale.

En 1793, un certain Eli Whitney (mécanicien et industriel américain, 1765-1825) invente une machine permettant de séparer la graine du coton de sa fibre, dans le Sud des États-Unis. Grâce à cette nouvelle égreneuse, la filature du coton est mécanisée et le prix de la précieuse fibre diminue. Par conséquent, les États méridionaux du pays se développent économiquement autour de la culture du coton et trouvent leur fonds de commerce en Europe, grâce notamment aux manufactures britanniques qui se fournissent en matière première aux États-Unis. Ainsi, le commerce du coton détrône progressivement celui du tabac et devient la principale source de richesse du Sud des États-Unis. Toutefois, une telle culture nécessite une importante main-d'œuvre et les planteurs sudistes ont vite fait de se procurer des esclaves en provenance d'Afrique. Cette main-d'œuvre servile et corvéable à souhait permet aux propriétaires terriens d'augmenter leur production à moindres frais. Mais la culture du coton a pour défaut d'épuiser rapidement les sols, ce qui implique de devoir changer régulièrement de terres.

Les États méridionaux des États-Unis mettent ainsi en place une économie basée sur l'esclavage et importent massivement des populations noires sur leurs terres. De son côté, le Nord, dont l'économie est essentiellement basée sur l'industrie, connaît un développement bien différent. L'industrie ne requérant pas de main-d'œuvre servile, le Nord s'oppose à l'esclavage, qu'il considère comme contraire aux idéaux démocratiques prônés par le pays.

Il faut savoir qu'au moment de l'indépendance, la population noire américaine est estimée à 750 000 individus, dont près de 90 % vivent dans le Sud. Alors que l'esclavage reste bien implanté dans cette partie du pays, il disparaît progressivement dans le Centre et le Nord du pays : le Massachusetts l'abolit en 1783, tandis que les esclaves new-yorkais sont libérés entre 1785 et 1799.

Pourtant, la Constitution américaine de 1776, basée sur la philosophie des Lumières proclamant la liberté individuelle et l'égalité entre les individus, élude la question de l'esclavage et tolère ainsi implicitement cette pratique. Malgré les idées abolitionnistes des premiers présidents américains, la situation économique particulière du Sud des États-Unis complique le débat. Au début du XIXe siècle, un fragile équilibre est maintenu entre les partisans de l'esclavagisme et les abolitionnistes grâce à l'égalité numérique des États libres et des États esclavagistes et de leur représentation au Sénat. La demande d'adhésion d'un nouveau territoire, le Missouri, qui désire devenir un État esclavagiste, bouleverse cependant cet équilibre et ravive les tensions entre le Nord et le Sud.

« L'ÈRE DES BONS SENTIMENTS »

Au niveau politique, cette période bouillonnante est caractérisée paradoxalement par un calme et une unité rare dans l'histoire américaine.

Les premières décennies du jeune pays sont pourtant marquées par la rivalité entre le Parti républicain-démocrate de Thomas Jefferson, James Madison et James Monroe et le Parti fédéraliste, dont la figure de proue est le premier président américain, George Washington.

Ces deux partis se distinguent essentiellement par leur vision divergente des pouvoirs que devrait détenir l'État central :

- les républicains-démocrates s'appuient sur les États pour garantir les libertés ;
- les fédéralistes sont favorables à un État fédéral fort pour maintenir les factions. Les premiers dirigeants du parti fédéraliste sont John Adams (1735-1826) et Alexander Hamilton (1755-1804).

Ces deux partis se positionnent également différemment face aux grandes puissances européennes de l'époque, à savoir la France et la Grande-Bretagne. Les fédéralistes admirent et soutiennent la royauté de George III (1738-1820), alors que les républicains-démocrates s'opposent à la monarchie britannique et soutiennent la France républicaine jusqu'au sacre de Napoléon Bonaparte en 1804. Avec l'explosion de la guerre anglo-américaine de 1812 et l'action conjointe de James Madison et de James Monroe pour résoudre le conflit, le parti fédéraliste perd rapidement du terrain et finit par disparaître définitivement. La victoire électorale de James Monroe aux élections de 1816 illustre bien ce phénomène : 183 voix sont attribuées à son Parti républicain-démocrate contre 34 pour le candidat fédéraliste Rufus King. La tendance s'accentue encore lors des élections de 1820, puisque James Monroe récupère tous les votes, à l'exception d'une voix, sans même devoir faire campagne.

Le parti républicain-démocrate de James Monroe se scinde en deux partis distincts en 1824 en raison d'un désaccord interne au sujet de la désignation d'un candidat pour les élections présidentielles suivantes. Cette scission donne naissance aux deux partis que nous connaissons aujourd'hui : les républicains et les démocrates. Le Parti républicain, symbolisé par un éléphant et la couleur rouge, est un parti conservateur : il soutient généralement le libre-échange entre les États, accorde une place importante à la religion et se veut fervent anti-esclavagiste. Le parti compte dans ses rangs l'illustre Abraham Lincoln (1809-1865), qui abolit l'esclavage, mais aussi Theodore Roosevelt (1858-1919), Richard Milhous Nixon (1913-1994), Ronald Wilson Reagan (1911-2004) ou encore, plus récemment, George Walker Bush (né en 1946).

Le parti démocrate, quant à lui, est symbolisé par un âne et la couleur bleue. Il s'agit d'un parti de centre gauche, plus progressiste. Les démocrates sont davantage soucieux de tempérer le capitalisme par des programmes sociaux et défendent les droits des minorités. Harry S. Truman (1884-1972), John Fitzgerald Kennedy (1917-1963), Bill Clinton (né en 1946) ou encore Barack Hussein Obama (né en 1961) sont des présidents démocrates.

TEMPS FORTS

La présidence de James Monroe est marquée par trois événements importants :

- la guerre des Séminoles suivie de l'achat de la Floride ;
- le compromis du Missouri ;
- la doctrine Monroe.

Ces épisodes permettent de mieux comprendre la politique intérieure et extérieure défendue par le cinquième président des États-Unis.

LA GUERRE DES SÉMINOLES ET L'ACHAT DE LA FLORIDE

Durant son premier mandat, James Monroe est confronté à une situation problématique dans le Sud-Est des États-Unis. Alors que le territoire américain ne cesse de s'agrandir vers le Sud et vers l'Ouest, la Floride reste une enclave espagnole. Depuis qu'ils sont parvenus à chasser les colons français et britanniques, les Américains se focalisent sur cette dernière colonie européenne, craignant que ce bastion espagnol ne devienne une base d'invasion pour les puissances occidentales. Par ailleurs, les Américains désirent s'étendre en Floride afin d'en utiliser les fleuves pour développer leur commerce.

Lorsque James Monroe arrive au pouvoir en 1817, plusieurs incidents se produisent à la frontière entre les États-Unis et l'enclave espagnole :

- une tribu indienne qui occupe une partie de la Floride, les Séminoles, fait des incursions régulières sur le territoire américain et attaque des fermes en Géorgie. Selon les Américains, ces Indiens sont armés et encouragés par les Britanniques. Toutefois, ils ne peuvent riposter directement, car cette tribu se réfugie constamment derrière la frontière espagnole ;

- en parallèle, des esclaves noirs fuient les champs de coton du Sud des États-Unis pour trouver refuge dans l'enclave espagnole. Les propriétaires terriens blancs craignent que cette situation inspire leurs esclaves et les pousse à fuir massivement vers la Floride.

Tout cela déplaît fortement aux autorités américaines, car elles ne peuvent agir directement sur le territoire espagnol sans risquer de déclencher un conflit avec Madrid. James Monroe, en tant qu'ancien diplomate, se montre donc très prudent et demande à l'Espagne de régler la situation au plus vite. Mais il est pris de court lorsque le général Andrew Jackson (homme d'État américain, 1767-1845), commandant des forces américaines, décide d'intervenir sans plus attendre. Sans demander l'accord de son gouvernement, ce dernier n'hésite pas à poursuivre les Séminoles et les esclaves en fuite jusque sur le sol espagnol. Une fois en Floride, le général en profite pour attaquer des forts espagnols et s'y établir.

Cela met le président dans une fâcheuse position : son autorité est mise à mal et une crise diplomatique éclate entre Washington et Madrid. Pourtant, le secrétaire d'État John Quincy Adams (1767-1848) constate que les actions menées par Andrew Jackson mettent les États-Unis dans une situation plus favorable qu'il n'y paraît. En effet, les Espagnols ne sont pas en mesure de riposter. Ils ne disposent pas des capacités militaires nécessaires en Amérique du Nord pour se défendre et ils sont préoccupés par d'autres problèmes dans les Caraïbes et en Amérique du Sud. L'Espagne, impuissante, finit donc par vendre la Floride aux États-Unis pour un montant dérisoire de cinq millions de dollars. Le traité d'Adams-Onis, cédant la Floride aux États-Unis, est signé à Washington le 22 février 1819. Cet accord stipule que la partie située à l'est du Mississippi devient américaine, incluant une partie du Texas, de la Louisiane et la Floride. En contre-partie, les Américains s'engagent à ne pas convoiter le territoire à l'ouest et au sud de cette frontière.

Cet épisode marquant de son premier mandat a été utilisé par certains historiens pour qualifier James Monroe de faible et pour lui reprocher son manque de charisme et d'action. Ces derniers affirment en effet que le président n'a pas réussi à gérer la guerre contre les Séminoles et l'achat de la Floride et que l'issue victorieuse ne peut être attribuée qu'au général Andrew Jackson et au secrétaire d'État John Quincy Adams. S'il est vrai que James Monroe n'a pas joué un rôle majeur dans cette acquisition, il ne faut pas oublier que celui-ci est avant tout un diplomate prudent, qui est parvenu à acquérir la Louisiane française grâce à ses talents de négociateur quelques années auparavant.

LE COMPROMIS DU MISSOURI

La question de l'esclavage est l'une des questions cruciales de l'histoire américaine jusqu'à la guerre de Sécession. La présidence de James Monroe n'échappe pas à la règle et ce dernier doit faire face à des tensions toujours croissantes entre les États libres du Nord et les États esclavagistes du Sud, à la suite de la demande d'adhésion du Missouri.

Depuis l'Indépendance, le pays n'a cessé de s'étendre. Les territoires nouvellement conquis sont ensuite organisés en États, qui doivent s'identifier clairement comme libres ou esclavagistes. Afin de conserver une certaine unité et éviter l'implosion, le Congrès impose qu'il y ait un équilibre entre les deux entités. Cet équilibre précaire est établi par l'égalité numérique du nombre de territoires abolitionnistes et pratiquant l'esclavage, afin que le nombre de sénateurs (deux par État) des deux camps soit identique. Ainsi, l'Ohio (1802), l'Indiana (1816) et l'Illinois (1818) entrent successivement dans l'Union et rejoignent les États libres du Nord, tandis que la Louisiane (1812), le Mississippi (1817) et l'Alabama (1819) deviennent des territoires esclavagistes.

En 1818, le Missouri, un territoire appartenant à l'ancienne Louisiane française, s'apprête à devenir le 24e État des États-Unis. Il demande à l'Union le droit de pratiquer l'esclavage, alors que ce territoire est septentrional. Les représentants du Nord, qui désirent supprimer cette pratique non-démocratique, voient cette demande d'un mauvais œil et craignent pour l'équilibre du pays. S'en suivent de houleux débats au Sénat et à la Chambre des représentants jusqu'à ce qu'un sénateur du Kentucky, Henry Clay (1777-1852), propose un compromis largement approuvé. Conclu le 2 mars 1820, celui-ci permet au sénateur d'être retenu dans l'histoire américaine sous le surnom de « Grand pacificateur » (*The Great Compromiser*). Cet arrangement est accepté par les deux chambres législatives le 5 mars 1820 et est ratifié par le président James Monroe le lendemain.

Le compromis propose de régler la question de l'adhésion du Missouri en apportant deux propositions complémentaires :

- le Missouri peut entrer dans l'Union en tant qu'État esclavagiste si un autre État libre l'intègre également afin de maintenir l'équilibre. Dès lors, Henry Clay propose de détacher le Maine du Massachusetts ;
- afin d'éviter qu'une telle situation délicate ne se reproduise à l'avenir, une frontière géographique est définie pour déterminer la nature des nouveaux territoires créés dans l'ancienne Louisiane et entrant dans l'Union. L'esclavage est désormais interdit au nord du 36°30' parallèle, ce qui correspond à la frontière sud du Missouri.

Cette pratique de la double adhésion est maintenue durant quelques décennies. Ainsi, l'Arkansas esclavagiste rejoint l'Union en 1836, suivi par le Michigan abolitionniste l'année suivante. De la même façon, l'entrée de la Floride au Sud sera contrebalancée par celle de l'Iowa libre.

Le compromis du Missouri est un événement historique majeur dans l'histoire de l'esclavage aux États-Unis. En effet, le débat instauré par l'adhésion de ce nouvel État permet aux Américains de se rendre compte de l'importance d'une telle question pour la bonne marche de la nation et engendre une réflexion chez les politiciens. Toutefois, le compromis proposé par Henry Clay et ratifié par le président James Monroe n'apporte qu'une solution temporaire au problème et ne vient pas à bout des divergences profondes entre le Nord et le Sud. Le traité reste en vigueur un peu plus d'une vingtaine d'années avant d'être supplanté par l'acte Kansas-Nebraska de 1854, qui permet aux habitants de ces deux États de décider eux-mêmes s'ils désirent pratiquer l'esclavage ou non. Le clivage entre abolitionnistes et esclavagistes finit par mener à la guerre civile.

LA DOCTRINE MONROE

Il n'est pas facile de se faire une place dans l'ordre mondial pour une jeune nation comme les États-Unis. Il est encore moins simple de faire accepter cette liberté nouvellement acquise aux puissances coloniales européennes qui dominent encore le monde. Il a fallu deux guerres en un demi-siècle entre les États-Unis et la Grande-Bretagne pour que cette dernière tire définitivement un trait sur ses prétentions américaines. Après l'achat de la Louisiane française et le retrait définitif des Britanniques, l'acquisition de la Floride à l'Espagne permet de libérer le territoire américain de la dernière enclave européenne sur le territoire.

En Amérique du Sud, plusieurs États mènent également une guerre d'indépendance afin de se libérer du joug espagnol. Les États-Unis soutiennent cette dynamique révolutionnaire, doutant toutefois que celle-ci permette l'établissement de démocraties à l'américaine. Le pays est la première colonie à avoir obtenu l'indépendance, et compte s'ériger en modèle et en guide pour ses petites sœurs sud-américaines. Mais les États-Unis craignent que l'Espagne refuse l'indépendance de ces nouvelles nations et qu'elle essaye de les reprendre par la force.

Dans ce contexte, James Monroe fait une déclaration le 2 décembre 1823, qui reste connue sous le nom de « doctrine Monroe ». Notons cependant que l'auteur de ce texte n'est pas le président lui-même, mais son secrétaire d'État, John Quincy Adams.

Lorsque la Grande-Bretagne propose aux États-Unis un pacte bilatéral entre les deux pays afin de se protéger de la France et de l'Espagne, le gouvernement est plutôt favorable. James Monroe, qui aime s'entourer de personnes compétentes et qui ne prend pas de décisions seul, demande toutefois l'avis de son bras droit, John Quincy Adams, qui refuse de s'allier avec une puissance européenne et décide de faire une déclaration unilatérale afin de mettre en garde les pays colonisateurs.

La doctrine Monroe se compose de trois grands principes :

- elle développe l'idée de non-colonisation. L'Europe doit s'abstenir de créer de nouvelles dépendances dans l'hémisphère occidental ;
- les États-Unis s'autoproclament protecteurs des révolutions d'Amérique du Sud et encouragent l'expulsion des impérialismes européens hors du continent. Ce second point affirme ainsi l'hégémonie des États-Unis sur l'ensemble du continent américain ;
- en contrepartie, les États-Unis s'abstiennent d'intervenir dans les questions européennes.

En d'autres termes, la doctrine Monroe affirme que l'Amérique appartient aux Américains. Une déclaration aussi forte ne passe pas inaperçue et les réactions américaines ne se font pas attendre. L'opinion publique est divisée : alors que certains reprochent le fait que cette déclaration mette en jeu la paix et la prospérité enfin acquises, d'autres félicitent la mise en place d'une base solide pour la politique étrangère américaine.

Le message semble en tout cas être entendu par les dirigeants des puissances mises en garde. En Europe, le Congrès de Vienne (1815) marque la fin de l'impérialisme napoléonien et les grandes monarchies s'engagent à soutenir la monarchie absolue contre toute nouvelle tentative révolutionnaire. Pourtant, les gouvernements européens n'interviennent pas dans les révolutions sud-américaines, menées par des hommes comme le général Simon Bolivar (général et homme d'État sud-américain, 1783-1830) et soutenues par les États-Unis. La Russie prend également acte de l'avertissement, elle qui occupe alors l'Alaska et convoite la région de l'Oregon. En effet, en 1821, le tsar étend la frontière russe au 51e parallèle, bien au sud de l'Alaska et freine le lucratif commerce de la fourrure entre Américains et Indiens. Après l'énonciation de la doctrine, les Russes préfèrent finalement abandonner la région de l'Oregon et se replient vers l'Alaska.

La doctrine Monroe est indéniablement l'un des temps forts de la présidence de James Monroe, car elle a été réutilisée et réinterprétée jusqu'à nos jours et sert aujourd'hui encore de base à la politique étrangère des États-Unis. De plus, cette déclaration permet au pays de définir la place qu'il veut occuper dans l'ordre mondial et surtout sur le continent américain.

RÉPERCUSSIONS

Les deux mandats de la présidence de James Monroe sont plus complexes qu'il n'y paraît à première vue et synthétisent les grandes problématiques des premières décennies de l'histoire américaine. Bien que le nom de James Monroe soit resté dans l'ombre de celui de ses célèbres prédécesseurs, George Washington et Thomas Jefferson, sa présidence ne manque pas d'intérêt et laisse une empreinte non négligeable sur la politique américaine postérieure.

L'ÉMERGENCE D'UN COLOSSE…

Les États-Unis ressortent globalement renforcés des huit ans de présidence de James Monroe : le pays s'est élargi grâce à l'acquisition de la Floride ainsi que d'une partie du Texas, et a organisé ses nouveaux arrivants en États libres ou esclavagistes. La présidence de James Monroe a également permis de chasser définitivement les puissances coloniales européennes du territoire américain et de protéger la souveraineté du pays.

Le président et son entourage ont aussi réussi à donner une impulsion énergique à la politique étrangère américaine en établissant une doctrine forte. Bien qu'elle n'ait aucune validité dans le droit international, elle marque le début de l'hégémonie des États-Unis sur le continent américain et la fin de l'ingérence européenne dans les affaires du pays.

Cette doctrine est reprise et réinterprétée par plusieurs présidents américains à travers les époques. En 1854, elle est notamment réutilisée par le président James Kerr Polk (1898-1968), qui l'intègre dans son idéologie de la « destinée manifeste » (*Manifest Destiny*), selon laquelle la nation américaine a pour mission divine de répandre la démocratie et la civilisation vers l'ouest. Cette nouvelle interprétation donne un sens prophétique à la doctrine. En 1904, Theodore Roosevelt y ajoute le corollaire Roosevelt, qui affirme le droit des États-Unis à intervenir militairement au cas où un « relâchement général des règles » est constaté dans une des nations de l'Amérique latine. Cet ajout met fin à la neutralité inhérente à la doctrine Monroe et permet de légitimer la volonté d'expansion des États-Unis, notamment vers Cuba et le Panama. En 1962, John Fitzgerald Kennedy cite la doctrine Monroe pour justifier son action contre les missiles soviétiques placés sur le territoire cubain.

La doctrine du président a donc évolué jusqu'à aujourd'hui, mais elle constitue toujours le fondement de la politique étrangère américaine et justifie notamment le pouvoir d'ingérence des États-Unis sur le reste du continent.

.... AUX PIEDS D'ARGILE

Malgré tout, la puissance montante du pays est fragilisée par les tensions qui entourent la question de l'esclavage. Dans ce pays qui s'érige en modèle et en défenseur de la démocratie, la situation de la population noire – mais aussi indienne – fait tache. Malgré un temps de détente politique durant l'Ère des bons sentiments, James Monroe ne réussit pas à régler cette question et son compromis du Missouri ne fait que repousser le problème. En effet, si celui-ci suffit à apaiser les esprits durant une génération, les divergences d'opinions entre le Nord et le Sud ne sont en rien effacées. Quatre décennies plus tard, les deux entités entrent dans une guerre idéologique (la guerre de Sécession), qui se termine par l'abolition de l'esclavage.

Après la présidence Monroe, il en est fini de l'unité et l'Ère des bons sentiments se transforme en ère des mauvais sentiments. En effet, en plus des tensions entre le Nord abolitionniste et le Sud esclavagiste, le Parti républicain-démocrate se déchire en 1824 à propos de la désignation du candidat à la présidence. Les partisans de John Quincy Adams, ancien secrétaire d'État de James Monroe, se proclament républicains, alors que les sympathisants d'Andrew Jackson fondent le Parti démocrate. Andrew Jackson est battu par John Quincy Adams en 1824, avant d'être élu à son tour en 1828.

Bon à savoir

La présidence de James Monroe influence également le continent africain. En effet, à partir de 1817, le président soutient *l'American Colonization Society*, une société philanthropique dont le but est d'aider les esclaves victimes de la traite atlantique à retourner sur leurs terres d'origine. La société achète des terres dans l'Ouest africain, à l'embouchure du fleuve Saint-Paul, et y installe les esclaves affranchis, fondant ce qui deviendra le Libéria. Le pays acquiert son indépendance en 1847 et continue à accueillir d'anciens esclaves afro-américains. En 1870, on estime que plus de 13 000 immigrants afro-américains ont rejoint le Libéria. Le nom de la capitale du pays, Monrovia, rappelle le soutien du président James Monroe en faveur de ces esclaves affranchis.

EN RÉSUMÉ

28 avril 1758	Naissance de James Monroe
1775-1783	Guerre d'Indépendance
1812-1815	Guerre anglo-américaine
4 mars 1817	Investiture de James Monroe
2 fév. 1819	Achat de la Floride
6 mars 1820	Compromis du Missouri
6 déc. 1820	Réélection de James Monroe à la présidence
2 déc. 1823	Doctrine Monroe
4 mars 1825	Investiture de John Quincy Adams
4 juil. 1831	Mort de James Monroe

- James Monroe est le cinquième président des États-Unis d'Amérique. Il occupe la Maison-Blanche de 1817 à 1825.

- James Monroe est avant tout un grand diplomate qui travaille en France et en Grande-Bretagne. Il participe activement aux discussions qui permettent d'acheter la Louisiane française à Napoléon Bonaparte en 1803.

- Avec ses prédécesseurs, Thomas Jefferson et James Madison, James Monroe est l'une des grandes figures du Parti républicain-démocrate, qui se scinde en 1824.

- Sa présidence est qualifiée d'« Ère des bons sentiments » en raison de la relative unité politique de l'époque. Néanmoins, ce consensus est fragile et ne résiste pas à la fin du second mandant de James Monroe.

- La Floride est achetée à l'Espagne en 1819 grâce à l'intervention du commandant des armées, Andrew Jackson, qui poursuit des esclaves en fuite et des tribus indiennes belliqueuses jusqu'en Floride, avant de prendre plusieurs forts espagnols.

- Le compromis du Missouri de 1820 réglemente la nature abolitionniste ou esclavagiste des nouveaux États et apaise les tensions entre le Nord et le Sud durant une génération. Toutefois, il ne fait que repousser la nécessité d'une véritable solution, qui sera trouvée avec l'abolition de l'esclavage, au terme de la guerre de Sécession.

- James Monroe marque essentiellement l'histoire des États-Unis en donnant une impulsion à sa politique étrangère et en lui trouvant une place dans l'ordre mondial, notamment grâce à l'élaboration de la doctrine Monroe. Celle-ci, qui imprègne aujourd'hui encore la politique étrangère des États-Unis, proscrit toute intervention européenne dans les affaires américaines et vice versa. Elle a été largement reprise et réinterprétée par ses successeurs.

POUR ALLER PLUS LOIN

SOURCES BIBLIOGRAPHIQUES

- « American President : James Monroe », in *Miller center*, consulté le 27 janvier 2014.
  http://millercenter.org/president/monroe
- CRESSON (William), *James Monroe*, Chapel Hill, University of North Carolina Press, 1946.
- DELACAMPAGNE (Christian), *Histoire de l'esclavage. De l'Antiquité à nos jours*, Paris, Le livre de poche, 2002.
- FORBES (Robert), *The Missouri Compromise and its Aftermath*, Chapel Hill, University of North Carolina Press, 2007.
- « James Monroe », in *The White House*, consulté le 27 janvier 2014.
  http://www.whitehouse.gov/about/presidents/jamesmonroe
- SCHOELL (Franck), « James Monroe », in *Histoire des États-Unis*, Paris, Payot, 1965, p. 149-153.
- THOMPSON (Peter), *Cassell's Dictionary of Modern American History*, Londres, Orion, 2000.

SOURCES COMPLÉMENTAIRES

- AMMON (Harry), *The Quest for National Identity*, Charlottesville, University of Virginia Press, 1990.
- CUNNINGHAM (Noble), *The Presidency of James Monroe*, Lawrence, University Press of Kansas, 1996.
- FOURNIAL (Georges) et LABARRE (Roland), *De Monroe à Johnson. La politique des États-Unis en Amérique latine*, Paris, Éditions sociales, 1966.
- PERKINS (Dexter), *The Monroe Doctrine. 1826-1827*, Baltimore, Johns Hopkins University Press, 1933.

- PLANAS-SUAREZ (Simon), *Les principes américains de politique internationale et la doctrine Monroe*, Genève, Imprimerie de la Tribune de Genève, 1959.
- VINCENT (Bernard), *Histoire des États-Unis*, Paris, Flammarion, coll. « Champs Histoire », 2008.

FILM ET DOCUMENTAIRES

- *The Monroe Doctrine*, film de Crane Wilbur, avec Grant Mitchell et Charles Waldron, États-Unis, 1939.
- *The American President*, série documentaire de Caroline Waterlow, avec Robert MacNeil, États-Unis, 2000.
- *James Monroe's Presidency*, documentaire, États-Unis, 2014.

www.50minutes.com

Éditeur responsable : Lemaitre Publishing
Rue Lemaitre 6 | BE-5000 Namur
info@lemaitre-editions.com

ISBN ebook : 978-2-8062-5448-1
ISBN papier : 978-2-8062-5627-0
Dépôt légal : D/2014/12603/45
Photo de couverture : réputée libre de droit.

Conception numérique : Primento,
le partenaire numérique des éditeurs